Este libro está dedicado a mi profesora, la Sra. Johnson.

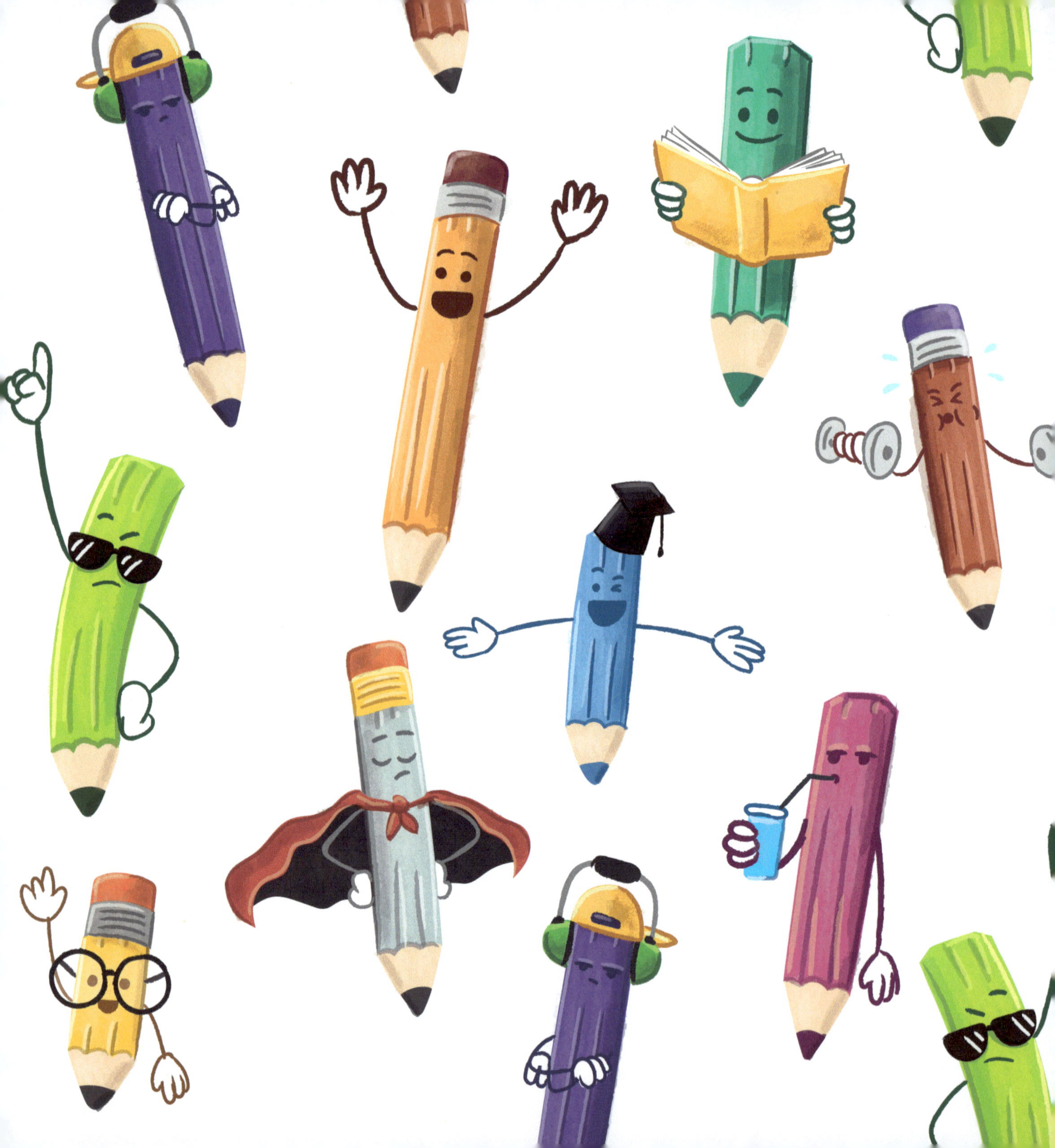

Tapa blanda ISBN: 978-1-63731-744-0
Tapa dura ISBN: 978-1-63731-745-7

Las cosas menos apreciadas
Suelen ser los más utilizados.
Estos utensilios suelen ser
Perdido y abusado.

Esta es la historia de un grupo de lápices.
¿Con qué frecuencia se pasan por alto,
El tipo de utensilio importante necesario
Para escribir en un cuaderno!

Pocas personas piensan en lo dura
Que es la vida para un lápiz.
Ayudamos a todos los estudiantes,
Especialmente a los genios, pero se olvidan.

$$a^2+b^2=c^2$$
$$a^2=c^2-b^2$$

$$\frac{2}{2}+\frac{2}{2}=2$$

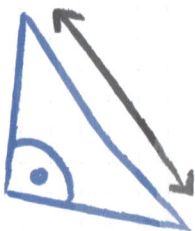

$$(x+y)^2-(x-y)^2= ?$$

$$\sin x = \frac{a}{b}$$

$$\pi = 3.14$$

$$x^x \cdot a^y = a^{x+y}$$

$$x=\sqrt{9}$$
$$x= ?$$

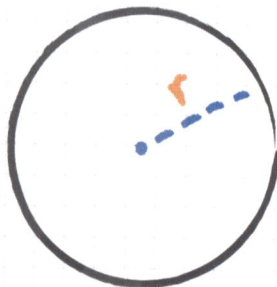

$$f(x)=ax$$

$$x^2+y^2=Z$$

Nuestra capacidad para captar
los pensamientos y escribir futuros,
¡Pero no! Por supuesto, nuestra importancia
no nos ha hecho
en absoluto más seguros.

También escribimos sobre diferentes superficies
Sin tanta necesidad,
¿Pero eso nos ha traído glamur y atención?
¡No! Siempre estamos en la oscuridad.

Expresamos nuestras quejas
y escribimos una carta con cosas importantes.
Teníamos algunas quejas
Para que las escucharan los estudiantes.

Estudiantes, estamos aquí para decirles
Que estamos hartos de ser zarandeados,
Rodar, partirnos por la mitad o dejarnos caer
Y dejarnos marcados.

Nos tratan mal cada día,
Como si no importáramos,
Nos presionas contra las páginas hasta
Que nuestras puntas se agrietan
Y se hacen añicos.

Nos mastican y nos meten en la boca
Como si acabáramos de pelearnos,
Nuestros borradores son doblados o
mordidos, a menudo sin preguntarnos.

Nos sacan punta constantemente,
y no nos gusta que después nos jalen,
A veces estamos cubiertos de goma incómoda
Para que los dedos del escritor no resbalen.

Y sin mencionar el chasquido
Que a veces hacen con nosotros por diversión.
Ellos descuidadamente nos tiran a un lado
Cuando sienten que nuestro trabajo
finalmente está hecho.

¿Y cuantas veces ves que un lápiz se usa con suavidad luego de escribir algo importante? Mucho de nosotros se desperdicia a pesar de ser una herramienta tan imponente.

Pero ya no lo toleraremos más,
¡hoy nos ponemos en huelga!
¡No aceptaremos más el trato que nos disgusta!

Huelga

Cuando los niños volvieron,
Una niña nuestra carta encontró,
Vimos cómo sus ojos se llenaban de
lágrimas y de repente estalló.

"Tienen razón", dijo.
"Deberíamos tratar mejor a nuestros lápices".
"Ven, agarra un lápiz,
Vamos a practicarlo juntos".

Y uno a uno, los alumnos
Nos manejan con más cuidado.
Bastó una carta para que esto
hubiera pasado.

Que esto te sirva de lección
Para el material escolar que utilizas,
Ten cuidado con cómo los manejas,
No dejes que se hagan trizas.

Úsalos con delicadeza y cuidado
y no se sentirán tristes.
Entonces, cada vez que los necesites,
¡los lápices sabrán que tú existes!

www.ingramcontent.com/pod-product-compliance
Lightning Source LLC
Chambersburg PA
CBHW042025090426
42811CB00016B/1750